Les reproches n'éloignent pas

Du même auteur

À la limite du désert, Les Chemins de Traverse, 2001

L'amour domine la solitude, Les Éditions du Net, 2013

Du sentiment à perdre, Éditions BoD, 2014

Chant de ruines, BoD, 2015

Une torche allumée au cœur des crocs, BoD, 2018

Un blog notes ouvert en novembre 2011 :
http://www.pascaloupdesavoie.fr/

© Pascal Verbaere, 2019.

Pascal Verbaere

Les reproches n'éloignent pas

BoD

Éditeur : BoD – Books on Demand,
12/14 rond-point des Champs-Élysées,
75008 Paris, France

ISBN : 9782322187225

*Un parent pauvre
est toujours un parent éloigné.*

Alphonse d'Houdetot,
Dix épines pour une fleur, 1853

Communion sous une espèce

Chez la veuve de mon père,
Un prêtre a le masque africain.
Il n'a pas vu l'épreuve de ma mère ;
Bénie la table d'un « *bon médecin* ».

L'amour ne déclare pas forfait *

Il faisait si froid, cet été-là.
L'homme qui ne savait pas être papa
Avait laissé sa femme et ses deux fils
Dans un appartement, avec chaudière d'artifice.

Il entendait s'éloigner du mariage
Pour soigner l'adultère. Nos regards de triage
Le condamnaient sans appel. Maman
Allait, toute seule, nous rendre grands.

Tableau d'honneur

Au collège Jules Ferry, les réunions
Parents professeurs ne mettent jamais en accusation
Philippe et Pascal. Ils tiennent le rang de leur mère
En classe. Sur les bulletins, nulle trace du père.

Désavantage acquis

Rue Marcoz, je fais mon droit.
Le professeur Hochard agite un pavillon
Noir. Ce n'est pas bien, moussaillon,
De licencier ton père. Il porte une croix.

Ban de touche

Comme en témoigne l'arbitre Modiano,
Nous étions de si braves garçons.
Sur le rectangle vert, on hissait Santiano ;
Ne cale plus, papa, pour renvoyer le ballon.

Mai 62

Le portail de l'internat de médecine
Attrape une forte fièvre. Stéphane
A fui comme un lièvre... Jacqueline
Au lancer de pavé. Tromperie diaphane.

Les chevaux et le cotillon

Nous n'étions pas toujours astreints,
Le vendredi, à recevoir un chèque
Dans la voiture de l'angoisse.

Parfois, notre turfiste sans frein
Saisissait l'ascenseur par l'encolure
De sa veste. Ariane des jours avec

Et des jours sans entretenait l'allure :
« *Vous, vous avez tout...* »
Un coup de cravache pour la poisse.

Ce que tu peux être mauvais ! *

Ariane ne répond pas de Victor
À la fenêtre de la ferme. Blessé
De la Grande guerre, les foulards à pointe
L'insupportent : « *Regarde ces deux salopes.* »

Torchon de bain

Le maître nageur me file une brasse
Coulée : « *On n'agit pas ainsi avec sa mère !* »
J'enfouis, poignardé, le cœur de Maman.
Mon foutu père enlève le sable de sa maîtresse.

Il ne soupçonne pas que je lui ferai payer cher
Nos plages de silence et toute cette crasse.
Le meltem qui se lève emporte mes hurlements ;
Rien ne les dressera, même pas une table en Grèce.

Tu viens pour les vacances ? *

Le golfe du lion a des reflets arrangeants,
J'essaie de joindre une fille très chouette.
Mamy trouve aussi que c'est urgent,
Vos gueules les mouettes !

I'll never be so wrong

18 novembre 1986, bourse du travail à Lyon.
Jean-Louis m'a confié la recette de Free Music.
Backstage, Kim Wilde me croise,
Un « *Hello* boy » sur ses lèvres framboise.

C'est son anniversaire. Un blouson de cuir
Protège ses soleils. Cathy ne s'est pas gênée
Pour éteindre encore ma bougie. Je ressemble
À un « *Pauvre mec* », aimerait Agnès Soral.

J'ai pourtant un cœur de fiançailles.

Jeune dernier *

Ces visages qui te font battre la chamade,
Es-tu sûr, au plus, qu'ils te regardent ?
Les sentiments que tu sèmes sur leurs chemins
Se confondent en poudre de perlimpinpin.

La meilleure pour la faim *

Mon âme sœur existe, elle est si jolie
Que j'hérisse une barrière. L'harmonie
Sans paroles, quel sombre idiot je fais !
Avec le temps, voudra-t-elle apaiser ce méfait ?

Andrea

Elle sentait si bon à la table
Des mots. Elle m'a donné son corps
Pour y vivre. Le cœur sorti de fable,
J'ai vibré d'un amour sans tort.

Un bonheur subi

Stéphane a fini par quitter sa maîtresse.
Il nous conduit, ce dimanche, sur le pont
Où danseront ses secondes noces. Relevé d'adresse
Pour Maman. Philippe ne saisit pas cette leçon.

Sous une lumière, cent ombres

Le docteur Gilbertas m'a opéré de la thyroïde,
Juillet 1983 est en chambre de canicule.
Une infirmière me parle de la lune rousse ;
Mon père a déjà donné, je frise le ridicule.

Six cordes pour se détendre

Au pensionnat de Gouvieux, la mère supérieure
Dit du mal de Michèle. Ventre de résonance.
Un petit garçon lui rend l'office inférieur,
D'un coup de guitare appuyé.

Sa cousine entre en danse.
Le petit garçon reçoit une gifle
De son père. Même pas pleure.

La suite dans l'ID, papa docteur
Administre le bon rire sans confession.
L'enfant l'accompagne. Les notes
Montent jusqu'à Jimmy Page.

Ça ne peut pas attendre *

J. Geils ne connaît pas Fernande,
Son groupe de Boston est en première partie.
Tout le stade Gerland bande,
Les Rolling Stones feront le lit.

Recueillement

Stéphane repose dans une chambre funéraire ;
　Le corps qui nous a donné la vie me serre.
　　Déjà l'Éternel a soulevé son âme ;
　Cet après-midi va lever cendres et larmes.

Reconnaissance

Au Bourget, les sanglots ne décollent
Pas du lac. Tel un avion sans pilote,
Je pique du nez... Vue sur Culoz, rue des écoles.

Deux fils sonnent à la plaque. Il flotte,
L'espace d'une garde, comme un parfum de famille.
Nous raconterons tout à Maman. Rien ne brille
Comme son chagrin dans nos yeux.

Elle nous pardonnera l'abandon
À la tristesse des adieux.
Il était le premier don.

Éloge d'un soupçonné

Dans l'autre monde, une étoile d'attente.
Mon père ordonné d'être patient. Du grand livre
L'index pointe toutes les façons de vivre.
J'ose croire qu'il sera lavé de ma moelle hurlante.

Tron commun

Le sacristain ressemble comme deux gouttes
D'eau-de-vie au bon Jean Tissier. Il doute
De la monnaie rendue aux « *âmes du purgatoire* ».
Je ne joue pourtant pas de la mâchoire.

Des ailes dans le dos

Je n'allais pas bien au premier kilomètre
Du Galibier. J'ai résisté à la tentation
D'une fée. C'est encore la souffrance
Qui me sert de moteur. Et des êtres
Lointains continuent de me supporter.

Les Hauts où hurle le vent

Elle te dépasse d'une taille de vie, se dirige
Vers toi d'un sourire simple comme bonjour.
Elle t'annonce le deuxième enfant de leur amour.

Tu défailles pour de gros, interdit
À tout jamais de lui porter du sentiment.

Émilie se penche sur ta joue droite et te délivre
La bise du pauvre archétype. Encore une
Belle-fille que ta maman ne pourra vivre.

Ne te quitte pas *

Le soleil entre dans la pièce,
Jacqueline prend un bain de sommeil.
Elle se souvient de faire pâle figure,
La maison donne congé à la liesse.

Manque d'affection

Le chagrin est vivace
Au-dessus des cendres.
Il aurait fallu que j'embrasse
Ce corps sans attendre.

Droit de la famille

Une conférence me convoque rue Marcoz,
Je retrouve l'amphi où l'on cultivait du tabac.
Dominique avait mis le feu au code des loups ;
Entre deux volutes de Havane, le professeur
Decottignies allait-il classer l'affaire ? J'en doute
Encor. Il ne badinait pas avec l'exception à la règle.

La Main au Collet d'Allevard *

Une femme tient le volant, gracile ;
Son passager ne détourne pas la face.
Il faut chérir sans réserve qui a le profil
Pour rejoindre un monde que rien n'efface.

Et l'homme, odieux, agréa la femme

Grand méchant loup,
Dis-moi quelque chose de gentil.
J'ai le cran d'aller jusqu'au bout,
Comme une rose d'Arabie.

Soulèvement *

Donne congé à tous les mondes
Qui courbent mes épaules. Inonde
De ton adorable présence la jetée
Où les pierres sautent pour me noyer.

Béryl en la demeure *

Au parc de Buisson-Rond, une fille
M'a demandé quelle vie m'amenait.

Sur l'estomac, j'avais quelque chose
Qui gargouille ; la solitude,
Entretenue de près comme de loin.

Je ne fais pas mon nuage ;
Elle s'est rapprochée d'instinct,

Pour incruster la pierre de ses yeux
Dans ce passage de Quasimodo :

" *Deserto effimero : in cuore gioca*
Il volume dei colli in erba giovane " ;

" *Désert éphémère : au cœur joue*
Le volume des collines d'herbe jeune ".

Salvatore a des mots ; nous
N'en resterons pas là, pour le fun.

La ligne blanche *

Mon ange, si tu veux bien, repasse
Dans plusieurs vies. Il faut que je fasse
Ma mort. Pour comprendre à quel cercueil
Tu étais, sous la voûte, le plus tendre seuil.

Sur son grand soleil

Mon père, ce dimanche, est de garde ;
Il a pris un abonnement à toutes les chaînes
De la Terre. À vélo je flanche, il me regarde ;
Au moins vite, reprendre ce qui le déchaîne.

Portrait parlé *

La dame qui tient l'auberge blanche
Me souhaite la bienvenue : " *Ne flanche*
Pas, petit, ça court les nues les grands cons."

Elle ne fait pas fausse voûte, mais moi
C'est un étalon des Mines que je cherche.
Il se sera ingénié, toute une vie sans Parnasse,
À me tenir éloigné de sa grande carcasse.

L'oncle aime trop épater la galerie. Il se pointe
Avec son linceul enfariné pour me serrer l'âme.
Je lui crache à l'azur. Mon père retient une gifle.

Bene fils d'inventaire *

Du Ciel, mon père me reprend l'encrier ;
Il considère, en fin de compte,
Que mes reproches ne lui font pas honte :
L'amour entre nous ne sera plus prié.

Sans menottes

L'amour ne déclare pas forfait

1965, abandon du domicile conjugal. 1977, divorce. 1979, secondes noces. Lettre posthume (écrite au centre hospitalier de Chambéry, le 15 décembre 2015), lue fin août 2017 :

« *À mes fils Pascal et Philippe,*

Naïf, non préparé (à 25 ans) à éduquer des enfants, je n'ai pas été ce qu'on appelle un bon père ; mais comme je ne suis nullement enclin à incriminer qui que ce soit, il m'est fort difficile de comprendre et d'expliquer ce fait ! L'époque était plutôt celle du matriarcat et le rôle du mâle se bornait à peu d'interventions. Il fallait en outre mener à bien des études difficiles et puis le souci de l'installation comme l'impossibilité de perdre du temps vinrent très vite imposer une rigueur au quotidien et quelques privations...

Votre volonté de venir vers moi et d'essayer de me connaître un peu mieux m'a beaucoup touché et m'a confirmé dans l'idée qu'il n'y a rien qui soit pire que l'indifférence.

Je vous embrasse tous deux une dernière fois, très affectueusement.

Avec tous mes regrets.   *Papa.* »

Il est mort (paix à son âme), mais il trouve le moyen de nous blesser encore (n'y voyez pourtant aucun blâme).

Ce que tu peux être mauvais

Mes grands-parents maternels ont eu des orages sur le grand chemin de leur courage. Ils pouvaient se déchirer pour mieux affronter la vie. Ariane retournait les moines de l'abbaye d'Ourscamp avec ses crêpes et Victor se posait en pâtissier émérite devant Jacques Duclos.
Dans la plaine de Passel, mes grands-parents maternels renversaient des montagnes.

Tu viens pour les vacances ?

Une fille très chouette : Catherine. Sans son petit pull marine, je suis devenu un vieux hibou. Et j'ai fini par recevoir sur ma quête toute l'eau du château de Corsuet, pour ne pas dire la guillotine de la Guillotière.
Mamy : Renée. Mère de Stéphane et reine au foyer. Une présence incontournable et rassurante à la table de mon enfance vacillante.

Jeune dernier

Pour Valérie et Olivia, mais aussi Cathy, Dominique et Émilie, tu es une erreur en scène. Plus tu les dévores des yeux, plus tu leur coupes l'appétit.

La meilleure pour la faim

Samedi 30 juin 1990, à deux glas de la cathédrale, je ne franchis pas le premier « *bonjour* ». Elle engage pourtant à tout. Ingrid Bergman est le miroir de son visage.

Ça ne peut pas attendre

Fernande. Un air de Marguerite Duras. Marraine de guerre pour moi si proche de Mamy, son ennemie jurée. Détestait aussi mon père, qui le lui rendait bien : « *Une fois, elle avait un manteau ; on aurait dit un singe !* »
Spécialiste des Arts de l'Asie pour le Musée Guimet ou des publications en série ; par exemple, auteur de « *l'Indonésie* » (*Archéologia*, 056, 1973, p. 62-70) et de « *l'art khmer de la Birmanie et de la Thaïlande* » (*Archéologia*, 047, 1972, p. 44-53).
Une personne brillante, qui pouvait en oublier ainsi de tourner, rue Galilée, dans la cage dorée que l'oncle du loin normand lui avait ménagée.

Ne te quitte pas

En août 2013, Maman a fait un petit accident vasculaire cérébral. Ses fonctions cognitives peuvent s'éloigner de la rive. Elle continue toutefois de toucher terre à chaque fois qu'elle regarde une photo de vacances à Cavalaire : « *Il a encore des cheveux, ton père !* »
Oui maman, cendrés, au cimetière.

La Main au Collet d'Allevard

Cary on : Grace Kelly, sinon personne.

Soulèvement

À l'écoute d'une sublime chanson de Presley: « *Make the world go away* ».
Et Lennon d'ajouter : « *Avant Elvis, il n'y avait rien.* »

Béryl en la demeure

Les yeux tournés vers Notre-Dame. Voir sur mon blog : *La Nef reste à quai*, *Penser une plaie*, *Un dépôt spécial*.

La ligne blanche

Tout près de la cathédrale, on est censé être loin du mal. Encore aurait-il fallu que je franchisse le cap de bonne alliance : « Bonjour mon amour ». Au lieu de cet horizon, je reste un vieux garçon en prison.

Portrait parlé

John Fitzerald Kennedy à la Une de Paris Match, j'avais reconnu « Dédé ! ». Dommage qu'il ait joué, toute sa vie durant, la carte de l'indifférence impitoyable. Jean Gabin et Françoise Rosay peuvent comprendre que deux enfants à la cave le trouvent pitoyable.

Bene fils d'inventaire

Retour au faire-part de naissance
de ce recueil de souvenance :

*« Du Ciel, mon père me tend un encrier ;
Il espère que je ferai bonnes pages
De ses regrets. Le bleu est profond, à crier ;
Maman était si triste et nous trop sages. »*

Source : blog de l'auteur – 28 avril 2019.

Avoir le souci de l'aîné

Eh bien, il est né Pascal,
de Jacqueline et Stéphane,
le 16 juin 1957 à Paris (17ème).

Il a vu vert, d'autant que l'association sportive
de Saint-Étienne remportait alors son premier titre
de champion de France de football.

Il n'a pas fait exception à la règle de droit,
en prenant une licence à l'Université de Savoie

et, pour son bonheur aussi, en servant sous le drapeau
du 35ème Régiment d'Infanterie à Belfort.

Il est devenu gaillard en documentation :
capésien sur le tard.

Il adore vivre à Chambéry et, sur son fidèle Bianchi,
continue de rouler à l'eau claire, seul ou distancé
par son frère Philippe et son neveu Samuel.

À l'appareil du soleil : Ida V.

Pour une foi(s) ensemble :
au lac, pas l'ombre d'une thuile !

Table plus ou moins ronde

Communion sous une espèce	9
Sans menottes	47
Avoir le souci de l'aîné	53

Éditeur : BoD - Books on Demand,
12/14 rond-point des Champs-Élysées,
75008 Paris, France

Impression : BoD - Books on Demand,
Norderstedt, Allemagne

ISBN : 9782322187225

Dépôt légal : octobre 2019